OTMAR ISSING

Deutsche Zahlungen an das Ausland

Wirtschaftspolitische Kolloquien
der Adolf-Weber-Stiftung

Deutsche Zahlungen an das Ausland

Die öffentlichen Übertragungen
der Bundesrepublik Deutschland,
insbesondere die Netto-Beiträge an die EG,
als Problem der Wirtschaftspolitik

Von

Otmar Issing

DUNCKER & HUMBLOT / BERLIN

CIP-Titelaufnahme der Deutschen Bibliothek

Issing, Otmar:
Deutsche Zahlungen an das Ausland: die öffentlichen
Übertragungen der Bundesrepublik Deutschland, insbesondere
die Netto-Beiträge an die EG, als Problem der Wirtschaftspolitik /
von Otmar Issing. — Berlin: Duncker und Humblot, 1991
  (Wirtschaftspolitische Kolloquien der Adolf-Weber-Stiftung; 18)
  ISBN 3-428-07062-3
NE: Wirtschaftspolitisches Kolloquium: Wirtschaftspolitische
  Kolloquien der ...

Alle Rechte vorbehalten
© 1991 Duncker & Humblot GmbH, Berlin 41
Satz: Werksatz Marschall, Berlin 45
Druck: Berliner Buchdruckerei Union GmbH, Berlin 61
Printed in Germany
ISSN 0720-6879
ISBN 3-428-07062-3

Vorwort

„Deutsche Zahlungen an das Ausland", in dem Sinne von Leistungen aus öffentlichen Haushalten, denen eine Gegenleistung nicht zuzuordnen ist, sind bisher als solche, soweit ersichtlich, nicht vertiefend untersucht worden. Ihre Problematik zeigt sich jedoch gerade im gegenwärtigen Zeitpunkt. Auf die deutschen öffentlichen Haushalte kommen, im Zuge der Wiedervereinigung, unerwartete und sehr erhebliche Belastungen zu; weitere, wohl zunehmende Verpflichtungen wird die europäische Integration bringen.

Diese Fragen standen im Mittelpunkt eines Kolloquiums der Adolf-Weber-Stiftung, das im Herbst 1990 in Frankfurt stattgefunden hat. Das erweiterte Hauptreferat von Professor Dr. Otmar Issing, Mitglied des Direktoriums der Deutschen Bundesbank, legt die Stiftung als Bd. 18 in der Reihe ihrer Wirtschaftspolitischen Kolloquien vor.

Adolf-Weber-Stiftung

Inhaltsverzeichnis

I. Unentgeltliche Leistungen der Bundesrepublik an das Ausland — Zahlungen à fonds perdu? 9

II. Zur Terminologie und statistischen Erfassung 11

III. Die Entwicklung der öffentlichen Übertragungen seit 1970 14

IV. Die Bundesrepublik — „Zahlmeister der EG"? 32
   1. Die Netto-Zahlungen als Indiz 32
   2. Kritik am Indikator Netto-Zahlungen 34
   3. Die Forderungen nach umfassender Nutzen-Kosten-Analyse 39
   4. Finanzausgleichsprobleme der EG 43
   5. Revision des Finanzsystems gefordert 47
   6. Fazit 48

V. Die übrigen öffentlichen unentgeltlichen Leistungen ... 49

VI. Öffentliche Zahlungen: quid pro quo? 50

Deutsche Zahlungen an das Ausland

Die öffentlichen Übertragungen
der Bundesrepublik Deutschland,
insbesondere die Netto-Beiträge an die EG,
als Problem der Wirtschaftspolitik*

I. Unentgeltliche Leistungen der Bundesrepublik an das Ausland — Zahlungen à fonds perdu?

Die Bilanz der Übertragungen, d. h. der unentgeltlichen Leistungen der Bundesrepublik Deutschland, schloß nur in den ersten vier Jahren, also von 1949 bis einschließlich 1952 mit einem Überschuß ab, der allerdings von dem für die damaligen Verhältnisse hohen Ausgangsniveau von 3,4 Mrd. DM rasch zurückging; mit dem Abebben der Auslandshilfe war die Übertragungsbilanz bereits 1952 (+ 160 Mio. DM) fast ausgeglichen.[1] Seit 1953 weist die Übertragungsbilanz einen Passiv-Saldo aus, der zudem — mit geringfügigen Ausnahmen — stetig angestiegen ist und 1989 die bisherige Rekordhöhe von 34,6 Mrd. DM erreicht hat.[2]

---

* Herrn Wolfgang Modery danke ich für die Anfertigung der Tabellen und Abbildungen.

[1] Siehe: Deutsche Bundesbank (Hrsg.), Deutsches Geld- und Bankwesen in Zahlen 1876 - 1975, Frankfurt 1976, S. 341.

[2] Auf die Problematik des Vergleichs nomineller Größen für eine derart lange Zeitperiode sei ausdrücklich hingewiesen. Wollte man

I. Unentgeltliche Leistungen

Die Einschätzung dieser Entwicklung wechselte nicht zuletzt in Abhängigkeit von der jeweiligen Situation der Zahlungsbilanz. Politische Brisanz entstand jedoch im wesentlichen erst mit den hohen Netto-Zahlungen der Bundesrepublik an die Europäischen Gemeinschaften (EG). Die Vokabel vom „Zahlmeister Europas" wurde geradezu begierig aufgegriffen, der politische Zweck, der damit verfolgt wurde, lag auf der Hand. Später galt die Kritik eher Einzelvorgängen, wie etwa Zahlungen an die DDR.

Mit den Veränderungen im bisherigen RGW-Raum zeichnen sich inzwischen neue Leistungen der öffentlichen Hand in heute noch nicht überschaubaren Dimensionen ab. Mit der politischen und wirtschaftlichen Vereinigung werden die innerdeutschen Vorgänge logischerweise nicht mehr in der Zahlungsbilanz erfaßt. Die Hilfen an osteuropäische Staaten, die überwiegend in Form von Bürgschaften gegeben werden, schlagen sich ebenfalls nicht in der Übertragungsbilanz nieder; dies gilt jedoch nur solange, als die öffentliche Hand wegen der Bürgschaftserklärungen nicht Zahlungen zu leisten hat.

Der hohe Grad an — zumindest zeitweiliger — öffentlicher Aufmerksamkeit steht im Gegensatz zum wissenschaftlichen Interesse, gibt es doch bisher keine Arbeit, in der die Übertragungen insgesamt analysiert werden; lediglich zu Teilbereichen und hier insbesondere zur EG-Problematik liegt eine ganze Reihe von

---

die ökonomische Bedeutung in der zeitlichen Entwicklung angemessen erfassen, müßte nicht nur eine Preisbereinigung, sondern auch eine „Gewichtung", etwa mit dem Pro-Kopf-Einkommen, vorgenommen werden.

Untersuchungen vor. Die Absicht dieses Beitrags ist es, die öffentlichen Übertragungen etwas aus diesem Schattendasein heraus in das Licht zu rücken und für den Zeitraum ab 1970/71 im Gesamtzusammenhang einer ersten Analyse zu unterziehen.

II. Zur Terminologie und statistischen Erfassung

Die Bilanz der Übertragungen als Teilbilanz der Zahlungsbilanz umfaßt die Gegenbuchungen unentgeltlicher Transfers realer oder finanzieller Leistungen zwischen Inland und Ausland. Dabei kann es sich um Vorgänge des Exports und Imports von Gütern und Dienstleistungen sowie um Kapitalimporte und Kapitalexporte handeln. Entscheidend ist jeweils, daß diesen Leistungen, ob in der gleichen oder einer späteren Periode, kein meßbarer Gegenwert gegenübersteht.[3] Die Übertragungen insgesamt werden nach öffentlichen und privaten Leistungen unterschieden, für die Zuordnung ausschlaggebend ist die jeweilige Zugehörigkeit des an der Transaktion beteiligten inländischen Sektors.

Von vornherein darf man nicht übersehen, daß die Abgrenzung der Vorgänge, die in der Übertragungsbilanz erfaßt werden sollen, keineswegs eindeutig ist und

---

[3] Zu diesem Problembereich siehe: Deutsche Bundesbank, Die Zahlungsbilanzstatistik der Bundesrepublik Deutschland, Sonderdrucke der Deutschen Bundesbank Nr. 8, Frankfurt/Main, Mai 1990, S. 73 ff., Ferner: International Monetary Fund, Balance of Payments Manual, Fourth Edition, Washington, D. C. 1977, S. 113 ff.

mitunter einer gewissen Willkür nicht entbehrt. Dies soll an zwei Beispielen erläutert werden.

So werden etwa die Leistungen privater Versicherungen in der Dienstleistungsbilanz erfaßt, die Leistungen der öffentlichen Hand, also Sozialversicherungsleistungen dagegen in der Übertragungsbilanz. Dabei handelt es sich keineswegs um Größen, die man einfach vernachlässigen kann. So sind etwa für das Jahr 1989 unter der Position „Renten, Pensionen, Unterstützungszahlungen an das Ausland" im Rahmen der öffentlichen Übertragungen 5,1 Mrd. DM ausgewiesen, das ist immerhin fast ein Viertel des (Passiv-)Saldos der gesamten öffentlichen Übertragungen. Geht man davon aus, daß es sich hier vor allem um Zahlungen an Arbeitskräfte handelt, die während ihres Erwerbslebens Beiträge an die bundesdeutsche Sozialversicherung bezahlt haben, so mag die Zuordnung zur Übertragungsbilanz aus Gründen der Zweckmäßigkeit angebracht sein, da diesen Leistungen eben kein meßbarer Gegenwert in der gleichen oder einer späteren Periode gegenübersteht. Ökonomisch wurde ein „Gegenwert" vorher erbracht, der „unentgeltliche" Charakter der Leistung des Inlandes folgt also allein aus der Vereinbarung im Rahmen der statistischen Erfassung.

Unter den privaten Übertragungen sind in diesem Zusammenhang die Überweisungen der Gastarbeiter in ihre Heimat zu nennen, die in der Spitze schon einmal 9 Mrd. DM (1984) betrugen und sich auch 1989 noch immer auf 7,5 Mrd. DM beliefen. Von „unentgeltlichen Leistungen der Bundesrepublik" im ökonomischen Sinne kann hier gewiß keine Rede sein. Bis zum Jahre 1963 wurden diese Überweisungen im übrigen auch in der

II. Zur Terminologie und statistischen Erfassung 13

Dienstleistungsbilanz als Entgelt für die Inanspruchnahme fremder Arbeitsleistungen berücksichtigt; dem lag die Auffassung zugrunde, daß es sich bei den Gastarbeitern ihrer wirtschaftlichen Interessenlage nach um Ausländer handelt. Wäre man freilich dieser Auffassung konsequent gefolgt, hätte man auf der Ausgabenseite (Dienstleistungsimporte) die gesamten Bruttolöhne verbuchen müssen, während dann die Ausgaben der Gastarbeiter für ihre Käufe im Inland als Dienstleistungsexporte hätten erfaßt werden müssen. Die offensichtlichen Schwierigkeiten, diese Vorgänge statistisch einigermaßen befriedigend zu ermitteln, führten zur Entscheidung, die Gastarbeiter — in Übereinstimmung mit der volkswirtschaftlichen Gesamtrechnung — wirtschaftlich als „Inländer" zu behandeln; die (Brutto-) Löhne der Gastarbeiter werden folglich seitdem nicht als Entgelt für importierte Dienstleistungen angesehen, die Überweisungen der Gastarbeiter an ihre Heimatländer entsprechend als Transferzahlungen des Inlands an das Ausland und somit als unentgeltliche Leistungen geführt.[4]

Bei den Zahlungen öffentlicher Kassen an das Ausland handelt es sich um Zahlungen an die EG, Leistungen an andere internationale Organisationen (im wesentlichen Beiträge), (unentgeltliche) Leistungen im Rahmen der Entwicklungshilfe, Wiedergutmachungs-

---

[4] Siehe: Deutsche Bundesbank, Die Zahlungsbilanz der Bundesrepublik im Jahre 1963, Monatsberichte, Mai 1964, S. 13 f.. Seit dem gleichen Zeitpunkt werden im übrigen auch die von der öffentlichen Hand an das Ausland überwiesenen Renten etc., die bis dahin ebenfalls in der Dienstleistungsbilanz verbucht worden waren, in der Übertragungsbilanz ausgewiesen. Vgl. Deutsche Bundesbank, a.a.O., S. 14.

leistungen[5] sowie um den schon erwähnten Posten Renten etc. Unter den vom Inland empfangenen öffentlichen Übertragungen sind die Leistungen der EG hervorzuheben.

Allein schon diese Aufzählung und erst recht ihre Verknüpfung mit dem Problem der statistischen Zuordnung sollten hinreichend verdeutlichen, um welch unterschiedliche Vorgänge es sich bei den „Übertragungen" handelt. Die Aggregation dieser Größen und die Ermittlung entsprechender „Salden" in der Zahlungsbilanz hat sicher ihren Sinn; dies bedeutet aber noch lange nicht, daß man aus diesen, aus so heterogenen Teilmengen zusammengesetzten Aggregaten — über die Zahlungsbilanz hinausreichende — unmittelbare ökonomische Aussagen ableiten könnte. Will man die wirtschaftliche Bedeutung unentgeltlicher Leistungen analysieren, muß man bei den einzelnen Vorgängen ansetzen.

III. Die Entwicklung der öffentlichen Übertragungen seit 1970

Wie sich aus Tab. 1 und Abb. 1 ersehen läßt, sind die unentgeltlichen Leistungen an das Ausland — in Fortsetzung der seit 1952 angelegten Entwicklung — durch-

---

[5] „Wiedergutmachungsleistungen sind laufende und einmalige Zahlungen an Personen im Ausland, die durch das nationalsozialistische Regime geschädigt wurden und Ansprüche aufgrund des Bundesentschädigungsgesetzes, des Bundesrückerstattungsgesetzes, des Gesetzes über Wiedergutmachung im öffentlichen Dienst oder aufgrund von internationalen Abmachungen erheben." Deutsche Bundesbank, Die Zahlungsbilanzstatistik..., S. 77.

III. Entwicklung der öffentlichen Übertragungen 15

weg schneller gestiegen als die vom Ausland empfangenen Leistungen; der Passiv-Saldo der Übertragungen hat folglich stetig zugenommen und 1989 34,6 Mrd. DM erreicht. Wie Abb. 2 ausweist, wurde der Trend der verstärkten Passivierung im wesentlichen durch die öffentlichen Übertragungen bestimmt, deren Nettowert sich von 1970 bis 1989 mehr als verfünffacht hat.

Diese Entwicklung wurde wiederum entscheidend durch die Netto-Beiträge zum EG-Haushalt determiniert (Abb. 3). Dabei handelt es sich um immense Summen, die sich im Zeitraum 1971 - 1989 für die Leistungen an den EG-Haushalt insgesamt auf nicht weniger als 246,8 Mrd. DM und für die Nettobeiträge zum EG-Haushalt immer noch auf 106,9 Mrd. DM addieren (siehe Tab. 2).

Der Netto-Beitrag der Bundesrepublik an den EG-Haushalt spiegelt die Zunahme der Differenz zwischen den Leistungen aus dem EG-Haushalt (empfangene Übertragungen) und den an die Gemeinschaft geleisteten Zahlungen wider (Abb. 4). Diese deutschen Netto-Zahlungen sind seit 1984 besonders stark, nämlich um über 6 Mrd. DM auf nunmehr (1989) 13,4 Mrd. DM gestiegen.

In der Aufgliederung der Zahlungen im Rahmen der EG (Abb. 5, 6 und 7) zeigt sich auf der Einnahmenseite die Dominanz der Leistungen im Rahmen der Agrarmarktordnung, auf der Ausgabenseite die rasch gewachsene Bedeutung des EG-Anteils am Mehrwertsteueraufkommen (siehe Tab. 2). Die Brutto-Zahlungen erreichten mit über 25 Mrd. DM im Jahre 1988 ihren bisherigen Höchstwert (siehe Tab. 2).

III. Entwicklung der öffentlichen Übertragungen

Abb. 1: Übertragungen der Bundesrepublik Deutschland
Leistungen an das Ausland - Leistungen vom Ausland - Saldo der Übertragungen an das bzw. vom Ausland (insgesamt)

(Quelle: Deutsche Bundesbank, Statistische Beihefte zu den Monatsberichten, Reihe 5)

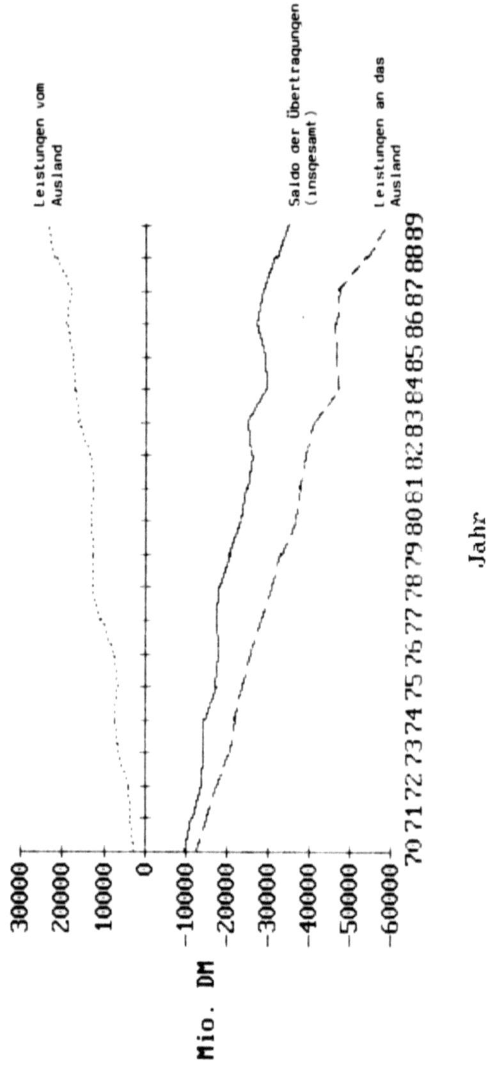

III. Entwicklung der öffentlichen Übertragungen

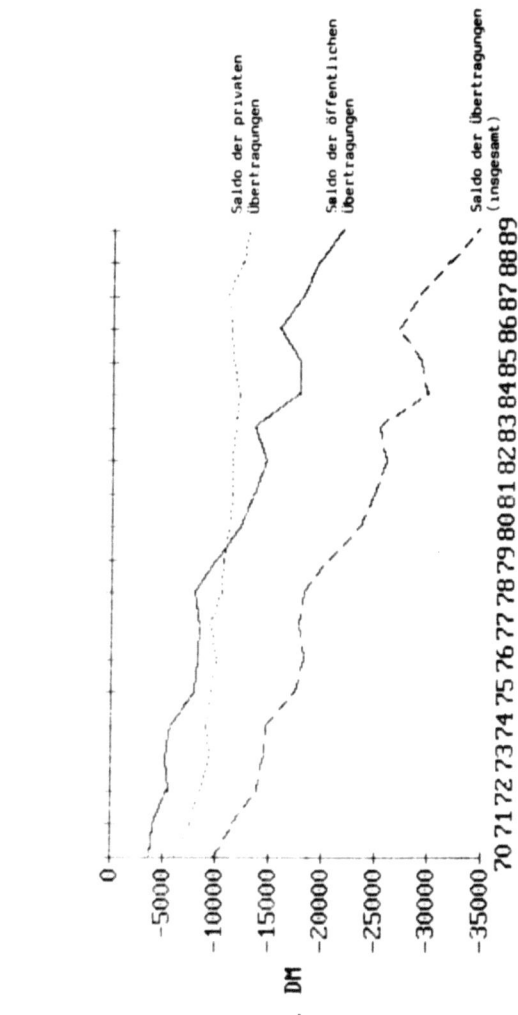

Abb. 2: Saldo der Übertragungen (insgesamt) - Saldo der Übertragungen im öffentlichen Bereich - Saldo der Übertragungen im privaten Bereich
(Quelle: Deutsche Bundesbank, Statistische Beihefte zu den Monatsberichten, Reihe 5)

18   III. Entwicklung der öffentlichen Übertragungen

Tab. 2: Aufgliederung der Leistungen im Rahmen des EG-Haushalts zwischen der Bundesrepublik Deutschland und den Europäischen Gemeinschaften

Mio DM

Zeit	Nettobeitrag der Bundesrepublik Deutschland zum EG-Haushalt 2)	Leistungen an den EG-Haushalt 1)										Leistungen aus dem EG-Haushalt	
		insgesamt	eigene Einnahmen der EG			EG-Anteil am Mehrwertsteueraufkommen	BSP-bezogene Finanzierungsleistungen	sonstige Leistungen				insgesamt 2)	darunter im Rahmen der Agrarmarktordnungen 2)
			Zölle	im Rahmen der Agrarmarktordnungen				zusammen	Währungsausgleich bei der Einfuhr aus Mitgliedsländern	Erzeugermitverantwortungs- und Garantiemengenabgabe	Übrige		
				zusammen	darunter Abschöpf. und Währungsausgleich b.d. Einfuhr aus Drittländern								
	1	2	3	4	5	6	7	8	9	10	11	12	13
1971	-454	2 654	847	537	537	1 190	-	80	-	-	80	2 200	1 434
1972	-173	3 573	1 401	739	739	1 217	-	216	-	-	216	2 400	1 699
1973	-1 929	5 402	2 085	557	544	2 195	-	565	393	-	171	3 473	2 926
1974	-1 741	5 373	2 790	337	329	1 543	-	764	693	-	72	3 633	2 915
1975	-3 491	7 089	3 083	418	388	2 756	-	832	698	-	134	3 597	2 847
1976	-3 332	7 745	3 613	622	597	2 868	-	642	626	-	16	4 412	3 574
1977	-3 695	9 681	3 672	1 082	1 065	4 216	-	700	570	-	130	5 996	4 817
1978	-2 283	10 679	3 514	1 110	1 100	5 248	-	807	607	120	80	8 396	6 761
1979	-4 103	12 064	3 981	1 029	1 029	6 126	-	928	775	64	88	7 961	6 855
1980	-4 099	12 412	4 543	893	893	6 095	-	881	719	147	16	8 313	7 036
1981	-6 412	13 817	4 877	772	771	7 333	-	834	516	300	18	7 405	6 007
1982	-6 510	14 613	4 667	932	931	7 959	-	1 056	723	318	14	7 103	5 672
1983	-6 217	15 926	4 584	940	939	9 173	-	1 230	893	320	17	9 909	7 946
1984	-7 272	17 830	5 189	1 138	1 138	9 478	-	2 044	860	518	666	10 557	8 646
1985	-8 343	18 441	5 383	954	954	9 841	-	2 263	297	349	1 617	10 099	8 509
1986	-8 236	19 591	5 193	897	895	12 578	-	924	250	462	212	11 355	9 791
1987	-10 391	20 160	5 429	1 137	1 134	12 805	-	789	167	603	19	9 770	8 561
1988	-13 014	25 327	6 208	1 110	1 108	14 314	3 028	666	24	624	18	12 313	10 310
1989	-13 367	24 386	6 706	1 077	1 075	14 501	1 502	601	1	575	25	11 019	9 013
1971 bis 1989	-106 861	246 763	77 684	16 289	16 166	131 437	4 531	16 822	8 813	4 400	3 609	139 902	115 316

1) Die Einnahmen der EG stammten bis 1970 ausschließlich, danach (bis 1974) teilweise aus Beiträgen der Mitgliedsländer. Ab 1. Januar 1975 wird der Haushalt der EG vollständig aus eigenen Mitteln finanziert. - 2) Ohne den besonderen Währungsausgleich bei der Ausfuhr nach Großbritannien, Italien, Griechenland und Irland (Rep.). Die Währungsausgleichsbeträge für Einfuhren dieser Staaten aus anderen EG-Ländern werden über den ausführenden und nicht wie sonst üblich über den einführenden Mitgliedsstaat ausbezahlt. -

Quelle: Deutsche Bundesbank

III. Entwicklung der öffentlichen Übertragungen

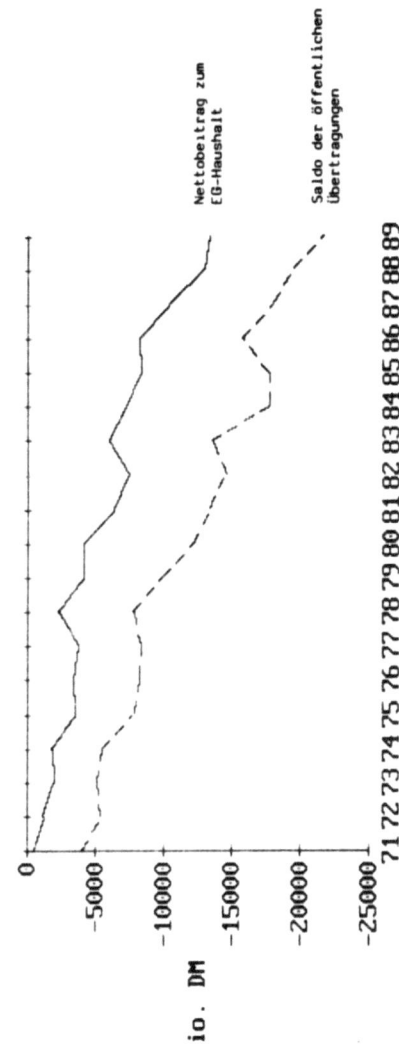

Abb. 3: Saldo der öffentlichen Übertragungen - Nettobeitrag der Bundesrepublik zum EG-Haushalt
(Quelle: Deutsche Bundesbank, Statistische Beihefte zu den Monatsberichten, Reihe 3)

20 III. Entwicklung der öffentlichen Übertragungen

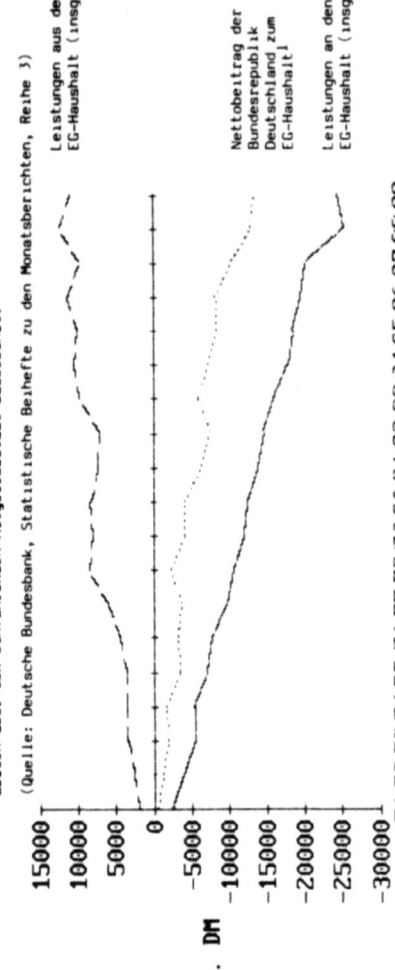

Abb. 4: Aufgliederung der Leistungen im Rahmen des EG-Haushalts zwischen der Bundesrepublik Deutschland und den Europäischen Gemeinschaften

Leistungen an den EG- — Leistungen aus dem EG- — Nettobeitrag der Bundesrepublik
Haushalt (insgesamt) [1] — Haushalt (insgesamt) — Deutschland zum EG-Haushalt [1]

[1] Ohne den besonderen Währungsausgleich bei der Ausfuhr nach Großbritannien, Italien, Griechenland und Irland (Rep.). Die Währungsausgleichsbeträge für Einfuhren dieser Staaten aus anderen EG-Ländern werden über den ausführenden und nicht wie sonst üblich über den einführenden Mitgliedstaat ausbezahlt.

(Quelle: Deutsche Bundesbank, Statistische Beihefte zu den Monatsberichten, Reihe 3)

III. Entwicklung der öffentlichen Übertragungen 21

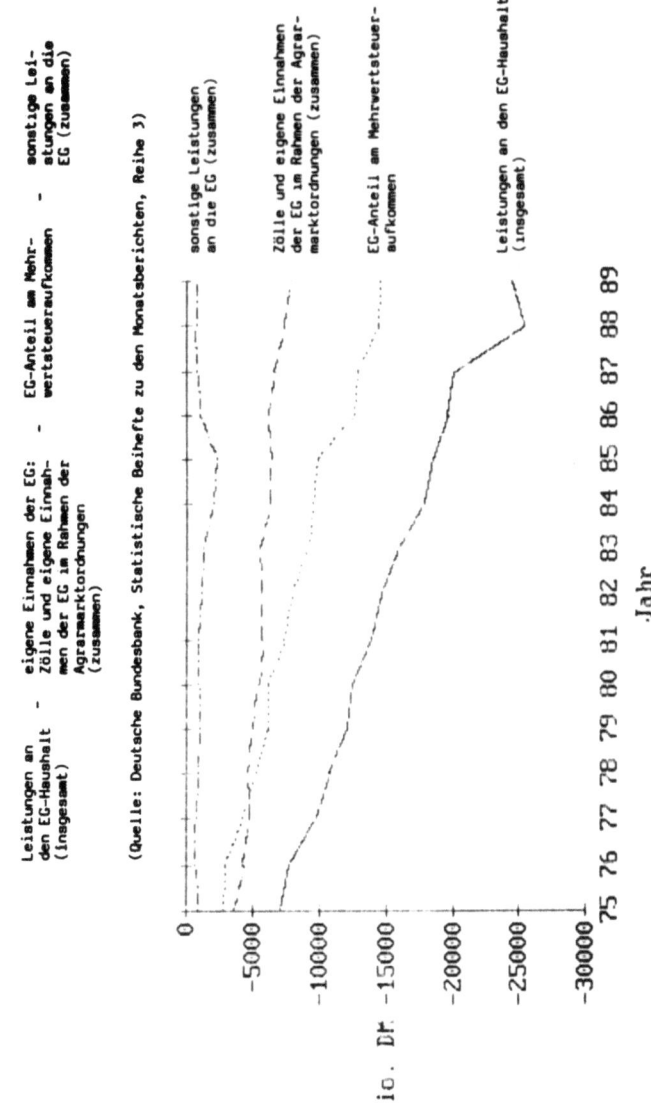

III. Entwicklung der öffentlichen Übertragungen

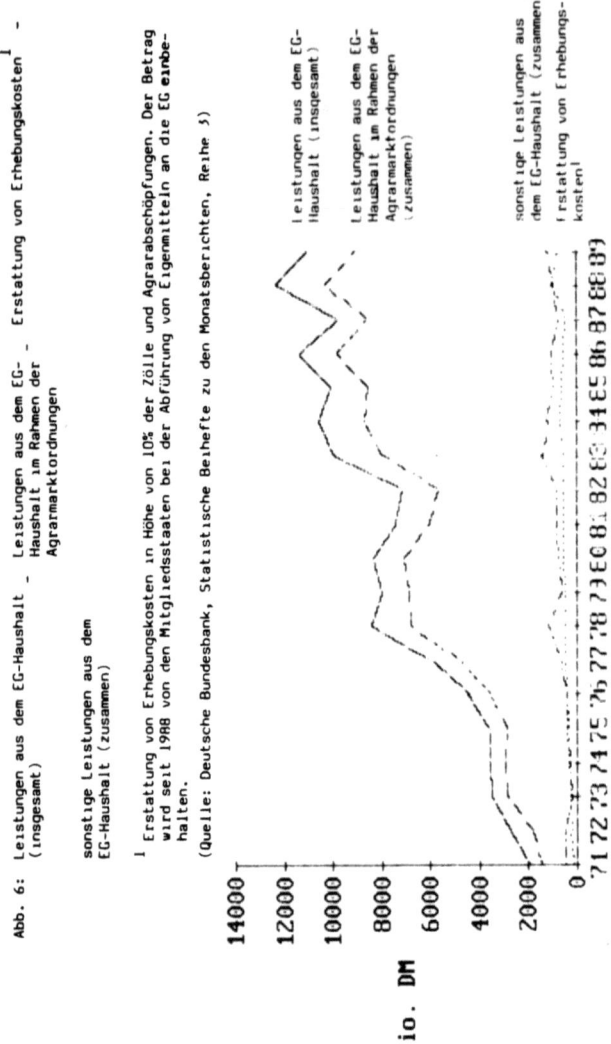

Abb. 6: Leistungen aus dem EG-Haushalt (insgesamt) — Leistungen aus dem EG-Haushalt im Rahmen der Agrarmarktordnungen — Erstattung von Erhebungskosten[1]

sonstige Leistungen aus dem EG-Haushalt (zusammen)

[1] Erstattung von Erhebungskosten in Höhe von 10% der Zölle und Agrarabschöpfungen. Der Betrag wird seit 1988 von den Mitgliedsstaaten bei der Abführung von Eigenmitteln an die EG einbehalten.

(Quelle: Deutsche Bundesbank, Statistische Beihefte zu den Monatsberichten, Reihe 5)

III. Entwicklung der öffentlichen Übertragungen

Abb. 7:

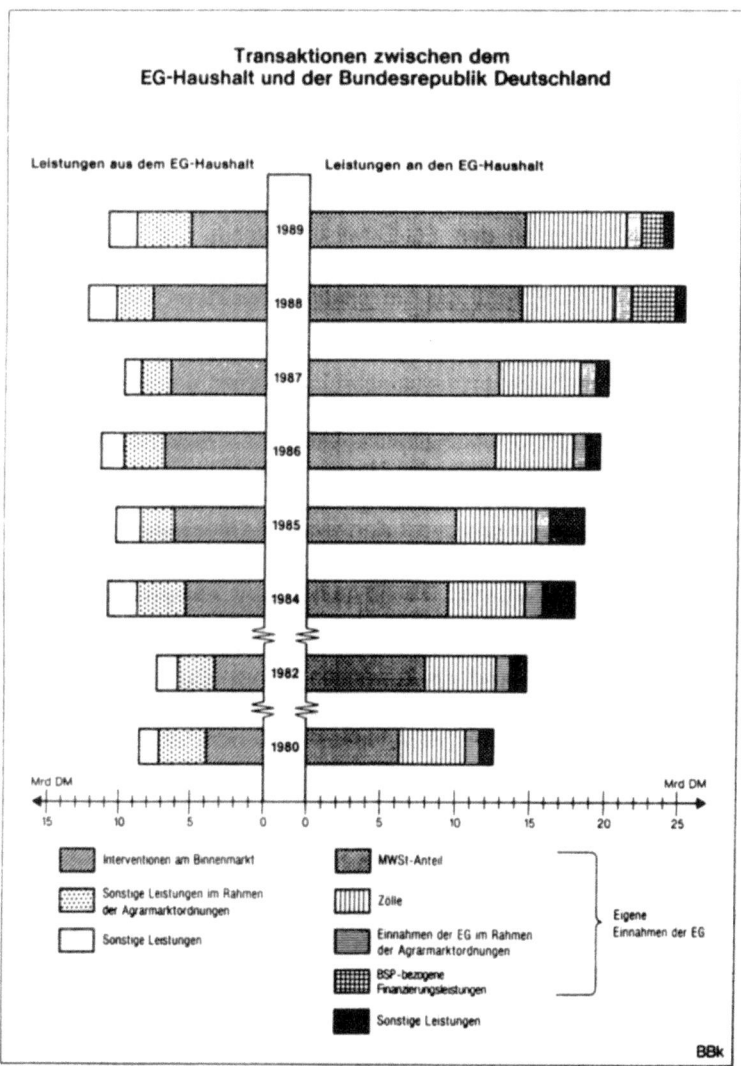

Quelle: Deutsche Bundesbank, Die Zahlungsbilanzstatistik der Bundesrepublik Deutschland-Inhalt, Aufbau und methodische Grundlagen, Sonderdrucke der Deutschen Bundesbank Nr.8, 2. Auflage, Mai 1990, S. 78.

III. Entwicklung der öffentlichen Übertragungen

In den übrigen öffentlichen Übertragungen (Abb. 8) zeigt sich wenig Dynamik, nimmt man die Position „Renten, Pensionen, Unterstützungszahlungen an das Ausland" heraus; auf die Problematik, diese Zahlungen als „unentgeltliche Leistungen" im ökonomischen Sinne zu verstehen, wurde im übrigen bereits verwiesen.

In der Vergangenheit hat sich die Diskussion gelegentlich auch an den Zahlungen an die DDR entzündet — wobei allerdings nur selten zwischen Übertragungen und Krediten unterschieden wurde. Für den Zeitraum 1975 bis 1988 addieren sich die gesamten Netto-Übertragungen immerhin auf 15 Mrd. DM (als Saldo zwischen Ausgaben in Höhe von 16,5 und Einnahmen von 1,5 Mrd. DM).[6] Die öffentlichen Übertragungen haben daran einen Anteil von 12 Mrd. DM, davon entfallen allein 6,6 Mrd. DM auf die Transitpauschale, die als Entgelt für die Benutzung der Transitwege zwischen dem Bundesgebiet und Westberlin gezahlt wurde.

Während die Entwicklung der Zahlungen an die DDR (siehe Abb. 9) alles in allem ziemlich stetig verlaufen ist, spiegelt sich in den Werten für 1989 die dramatische Veränderung seit der Öffnung der Grenze wider (Begrüßungsgeld!). Inzwischen hat diese Rechnung nur noch historischen Wert, die Zahlungen der (bisherigen) Bundesrepublik gehen im Problem des innerdeutschen Finanzausgleichs unter.

Wollte man die öffentlichen Übertragungen verschiedener Länder im Sinne der „Belastung" miteinander vergleichen, müßten die entsprechenden Werte als

---

[6] Dazu auch: Deutsche Bundesbank, Die Bilanz des Zahlungsverkehrs der Bundesrepublik Deutschland mit der Deutschen Demokratischen Republik, Monatsberichte, Januar 1990, S. 16.

III. Entwicklung der öffentlichen Übertragungen   25

Abb. 8: Saldo der Übertragungen an sonstige   - Zuwendungen an   - Wiedergutmachungs-   - Renten, Pensionen,
        internationale Organisationen   Entwicklungsländer   leistungen an das   Unterstützungs-
                                                (zusammen)   Ausland   zahlungen an das
                                                                                                    Ausland

(Quelle: Deutsche Bundesbank, Statistische Beihefte zu den Monatsberichten, Reihe 3)

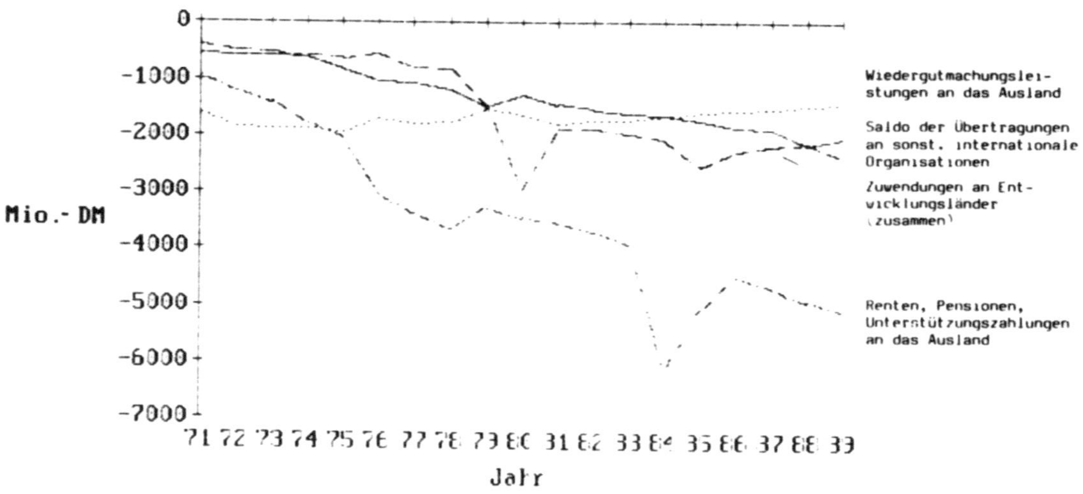

26 III. Entwicklung der öffentlichen Übertragungen

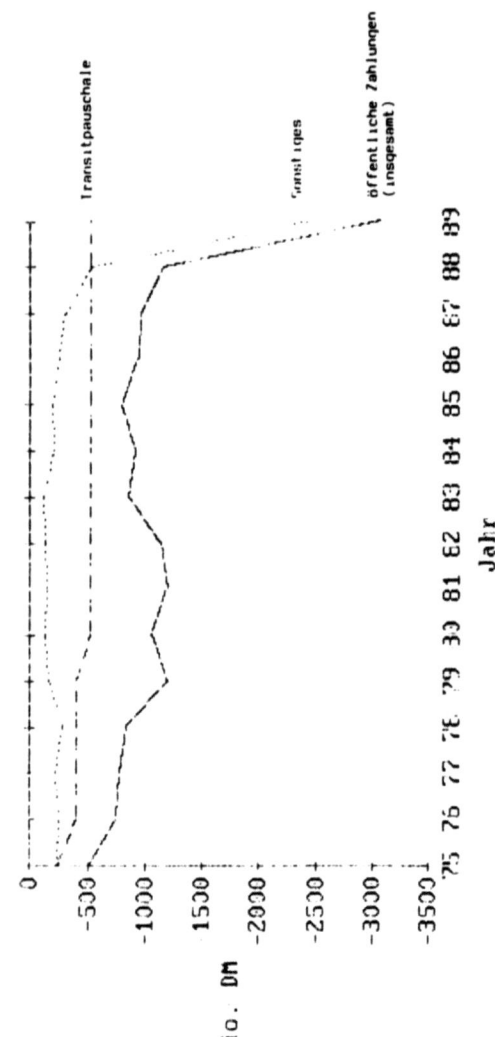

Abb. 9: Öffentliche Übertragungen der Bundesrepublik Deutschland an die DDR (1975-1989)
hier: öffentliche Zahlungen (insgesamt) - Transitpauschale - Sonstiges

(Quelle: Deutsche Bundesbank)

III. Entwicklung der öffentlichen Übertragungen   27

Abb. 10: Saldo der öffentlichen Übertragungen - Vergleich: Bundesrepublik Deutschland - USA - Japan

(Quelle: OECD)

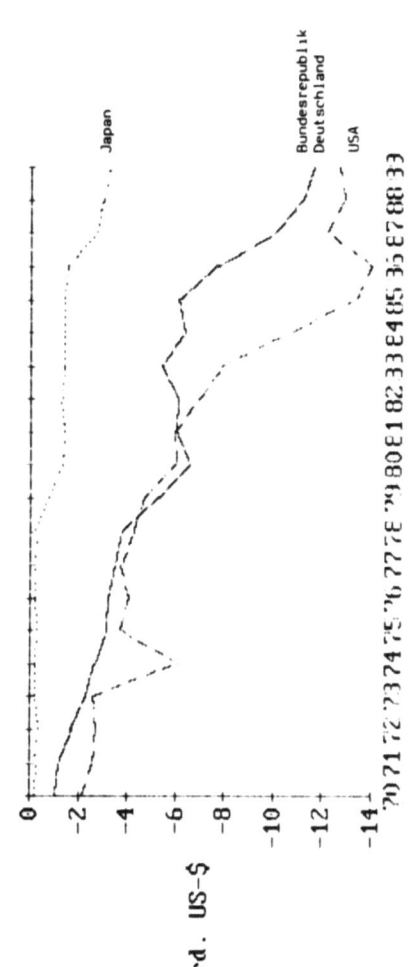

28　　　III. Entwicklung der öffentlichen Übertragungen

Abb. 11: Saldo der öffentlichen Übertragungen - Vergleich:
Bundesrepublik Deutschland - Großbritannien - Frankreich - Italien

(Quelle: OECD)

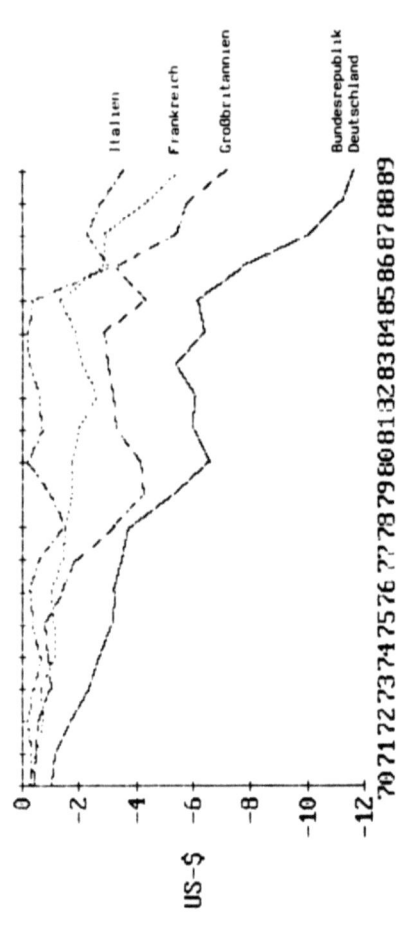

III. Entwicklung der öffentlichen Übertragungen

Anteile am BSP (oder Pro-Kopf der Bevölkerung etc.) ausgewiesen werden. Die Abb. 10 und 11 und Tab. 3 können somit nur einen ersten Eindruck davon geben, daß der Passiv-Saldo der Bundesrepublik denjenigen vergleichbarer Länder erheblich überschreitet — die Zahlen für Japan scheinen die bekannten Vorwürfe an die Adresse dieses Landes zu bestätigen.

Im übrigen stößt der internationale Vergleich auch bei den Übertragungen auf vielfältige Schwierigkeiten. Allein schon im Bereich der statistischen Abgrenzung und Erfassung treten hier Probleme auf, die zur Vorsicht mahnen. Zu welchen Verwicklungen und Fehlschlüssen im internationalen Vergleich vordergründige Berechnungen führen können, sei am aktuellen Beispiel der Golfkrise belegt. Die USA und Großbritannien fordern von der Bundesrepublik als Äquivalent für deren Zurückhaltung beim militärischen Engagement einen finanziellen Beitrag. Wird dieser geleistet, erhöhen sich ceteris paribus die deutschen Zahlungen. Im Budget der USA und Großbritanniens schlägt sich die Aktion dagegen unter den Militärausgaben, dem öffentlichen Konsum nieder, die Übertragungsbilanz bleibt davon unberührt. Die Bundesrepublik leistet also Zahlungen, dies gilt für ihre Verbündeten nicht — ist die Bundesrepublik also wieder einmal der „Zahlmeister"?

III. Entwicklung der öffentlichen Übertragungen

Tab. 3: Öffentliche und private Übertragungen einzelner Länder im Vergleich
(1970 — 1989)
Bundesrepublik Deutschland — Großbritannien — Frankreich — Italien — USA — Japan

Jahr	D		GB		F		I		USA		Jap	
	ot	pt	ot	pt	ot	pt	ot	pt	ot	pt	ot	pt
1970	-1.02	-1.65	-0.42	0.00	-0.22	-0.66	-0.32	-0.50	-2.20	-1.10	-0.18	-0.03
1971	-1.16	-2.18	-0.50	-0.03	-0.22	-0.85	-0.31	-0.56	-2.59	-1.12	-0.22	-0.02
1972	-1.69	-2.66	-0.55	-0.13	-0.72	-0.89	-0.19	-0.64	-2.75	-1.11	-0.33	-0.14
1973	-2.34	-3.47	-0.99	-0.24	-0.64	-1.09	-0.39	-0.63	-2.63	-1.26	-0.21	-0.12
1974	-2.72	-3.49	-0.88	-0.28	-1.12	-1.15	-0.61	-0.57	-6.16	-1.02	-0.20	-0.08
1975	-3.15	-3.63	-0.75	-0.31	-1.10	-1.52	-0.34	-0.59	-3.70	-0.90	-0.26	-0.09
1976	-3.20	-3.34	-1.39	-0.02	-1.04	-1.41	-0.25	-0.53	-4.08	-0.91	-0.21	-0.13
1977	-3.50	-3.41	-1.89	-0.08	-1.42	-1.41	-0.62	-0.82	-3.76	-0.87	-0.19	-0.20
1978	-3.76	-4.40	-3.19	-0.24	-1.48	-1.81	-1.49	-1.11	-4.27	-0.85	-0.23	-0.45

III. Entwicklung der öffentlichen Übertragungen

1979	-5.29	-5.38	-4.28	-0.55	-1.72	-2.30	-0.96	-1.42	-4.72	-0.92	-0.76	-0.37
1980	-6.58	-5.85	-4.14	-0.69	-1.72	-2.44	-0.16	-1.37	-6.03	-1.10	-1.29	-0.24
1981	-6.01	-4.75	-3.28	-0.64	-1.98	-2.27	-0.68	-1.44	-5.94	-0.92	-1.41	-0.22
1982	-6.10	-4.41	-3.15	-0.35	-2.65	-1.96	-0.61	-1.47	-6.98	-1.20	-1.30	-0.08
1983	-5.41	-4.33	-2.97	-0.28	-2.11	-1.73	-0.23	-1.40	-7.87	-0.99	-1.37	-0.18
1984	-6.39	-3.98	-2.84	-0.22	-1.88	-1.01	-0.15	-1.32	-10.72	-1.30	-1.37	-0.14
1985	-6.13	----	-4.34	----	-1.34	----	-0.31	----	-13.37	----	-1.32	----
1986	-7.7	-5.1	-3.2	-0.1	-2.8	-1.5	-3.0	+1.5	-14.0	-1.7	-1.5	-0.6
1987	-10.1	-6.0	-5.4	-0.3	-2.9	-1.7	-2.3	+1.3	-12.2	-1.2	-2.7	-1.0
1988	-11.2	-7.0	-5.8	-0.5	-4.4	-2.4	-2.8	+1.5	-12.9	-1.8	-3.0	-1.1
1989	-11.6	-6.9	-7.2	-0.5	-5.6	-2.4	-3.5	+1.0	-12.7	-1.6	-3.3	-1.2

Mrd. US-$

ot = official transfers, net
pt = private transfers, net

Quelle: OECD, Department of Economics and Statistics. Balances of Payments of OECD Countries, Paris 1986.
OECD, Economic Outlook, 1988 - 1990.

IV. Die Bundesrepublik — „Zahlmeister der EG"?

1. Die Netto-Zahlungen als Indiz

Sowohl von den Größenordnungen wie vom öffentlichen Interesse her könnte man versucht sein zu konstatieren: Das Problem der öffentlichen Zahlungen der Bundesrepublik ist in erster Linie ein Problem der Leistungen an die EG, die im wesentlichen wiederum eine Folge der Agrarpolitik der Gemeinschaft sind. Als allgemeine Aussage mag dies im übrigen nicht nur für die Vergangenheit, sondern mit Blick auf die Weiterentwicklung der EG zur Wirtschafts- und Währungsunion auch für die Zukunft gelten, wenngleich hier anderen Aufgaben (Strukturpolitik) eine größere Rolle zugedacht ist.

Das Wort von der Rolle der Bundesrepublik als „Zahlmeister" der EG kam Mitte der siebziger Jahre auf, als die Netto-Beiträge an den EG-Haushalt eine erhebliche Dynamik entwickelten und im Vergleich zur Situation anderer Mitgliedstaaten die Bundesrepublik in die Rolle des „Verlierers" zu verweisen schienen.

Solche Überlegungen gehen von der Rechnung aus, in der die (Brutto-)Zahlungen der Bundesrepublik an den EG-Haushalt den Leistungen gegenübergestellt werden, die aus dem EG-Haushalt sozusagen wieder in die Bundesrepublik zurückfließen.[7]

---

[7] Siehe: Deutsche Bundesbank, Neuere Entwicklungen in den Finanzbeziehungen der Bundesrepublik Deutschland zu den Europäischen Gemeinschaften, Monatsberichte, November 1988, S. 39.

1. Die Netto-Zahlungen als Indiz

Bei den Zahlungen handelt es sich um die Positionen:
— EG-Anteil am Umsatzsteueraufkommen
— Zölle
— Abschöpfungen und Zuckerabgaben
— Währungsausgleich
— Sonstige (einschließlich Erzeugermitverantwortungsabgabe und Garantiemengenabgabe).

Dem stehen als Leistungen aus dem EG-Haushalt gegenüber:
— im Rahmen der Agrarmarktordnungen (darunter: Interventionen auf dem Binnenmarkt, Ausfuhrerstattungen, Währungsausgleich)
— aus dem Europäischen Ausrichtungs- und Garantiefonds für die Landwirtschaft (EAGFL)
aus dem Sozialfonds
— aus dem Regionalfonds
— Erstattung von Erhebungskosten
— Sonstige.

Aus der jeweiligen Differenz errechnen sich dann als Saldo die *Netto-Zahlungen* der Bundesrepublik an die EG, die sowohl der absoluten Höhe nach wie relativ stark angestiegen sind, d. h. die sog. „Rückflußquote" ist im Laufe der siebziger Jahre deutlich zurückgegangen.[8]

Die Dynamik der Ausgabenentwicklung in der EG allgemein und speziell im Rahmen der Agrarmarktord-

---

[8] Siehe: May, B., Kosten und Nutzen der deutschen EG-Mitgliedschaft, Bonn 1972, S. 45. Die Netto-Zahlungen haben sich ziemlich stetig von 455 Mio. DM (1971) auf 4,1 Mrd. DM (1980) erhöht, die Rückflußquote ist von 83 % (1971) auf Werte gesunken, die — von 1978 (79 %) abgesehen — zwischen 68 und 51 % liegen.

nung hat auch in den achtziger Jahren angehalten; es ist sicher keine Übertreibung, von einer „Explosion" der Ausgaben zu sprechen, die nur zum Teil durch die Erweiterung der Gemeinschaft bedingt ist.[9] Diese Dynamik zeigt sich auch in den (Brutto-)Zahlungen der Bundesrepublik an die EG, die im Zeitraum 1982 - 1989 im Jahresdurchschnitt mit einer Rate von gut 8 % gestiegen sind.[10]

Es ist hier nicht der Ort, im einzelnen auf das Finanzierungssystem der EG und die verschlungenen Pfade seiner Entwicklung einzugehen, in der mit dem Beitritt Großbritanniens im übrigen das Problem der Netto-Zahlungen eine zentrale Rolle gespielt und zu umfangreichen Revisionen Anlaß gegeben hat.[11]

2. Kritik am Indikator Netto-Zahlungen

Je stärker die Netto-Zahlungen in den Vordergrund des Interesses rückten, desto vehementer äußerte sich auch die Kritik an der Aussagefähigkeit dieser Größe als

---

[9] Karl-Bräuer-Institut des Bundes der Steuerzahler, Heft 63, EG-Finanzen, Wiesbaden 1988, S. 9 ff.

[10] Die Zahlungen an die EG waren damit von der ansonsten bemerkenswerten Dämpfung der Ausgaben der Gebietskörperschaften ausgenommen. Siehe: Deutsche Bundesbank, Die Ausgaben der Gebietskörperschaften seit dem Jahre 1982, Monatsberichte, Juli 1990, S. 41 f.

[11] Siehe etwa: Andel, N., Finanzwirtschaftliche Aspekte regionaler Zusammenschlüsse, a) Europäische Gemeinschaften, in: Handbuch der Finanzwissenschaft, Band 4, 3. Auflage, Tübingen 1983, S. 316 ff.; Messal, R., EG-Finanzierung und Lastenverteilung, die Reform des EG-Finanzierungssystems 1988, Schriftenreihe des Bundesministeriums der Finanzen, Heft 42, Bonn 1989.

2. Kritik am Indikator Netto-Zahlungen

Indikator für Vor- oder Nachteile, die ein Land aus der EG Mitgliedschaft zieht. In dieser Kritik sind zwei Ebenen zu unterscheiden.

In eher technischer, formaler Hinsicht wird auf folgende Mängel verwiesen:[12]

— Zölle und Abschöpfungen im Rahmen der Agrarmarktordnung werden jeweils als Zahlungen der Länder an den EG-Haushalt ausgewiesen, in denen die entsprechenden Einnahmen infolge der Importe aus Drittländern anfallen. Diese Länder müssen jedoch keineswegs Bestimmungsländer dieser Importe sein (sog. „Rotterdam-Antwerpen-Effekt").

— Es gilt das Prinzip, die Ausgaben der EG dem Mitgliedstaat anzurechnen, in dem die Zahlungen geleistet werden. Verzerrungen ergeben sich durch die Konzentration von Gemeinschaftseinrichtungen in Brüssel und Luxemburg und den entsprechenden Verwaltungsausgaben sowie aus den Nahrungsmittelhilfeausgaben für Entwicklungsländer, die den Mitgliedstaaten zugerechnet werden, aus denen der Export erfolgt.

— Neben dem besonderen Problem des Währungsausgleichs ist auch noch auf die Praxis der Interventionsstellen zu verweisen, die Agrarprodukte in anderen Mitgliedsländern aufkaufen, so daß Zahlung und Begünstigung (zwischen den Ländern) auseinanderfallen.

---

[12] Dazu: Andel, N., a.a.O., S. 335 ff.; Ott, G., Internationale Verteilungswirkungen im Finanzausgleich der Europäischen Gemeinschaften, Frankfurt 1987, S. 44 ff.; Peffekoven, R., Das Finanzierungssystem der Europäischen Gemeinschaften, WiSt, September 1982, S. 416 f..

IV. Die Bundesrepublik — „Zahlmeister der EG"?

— Schließlich weist der EG-Haushalt keineswegs alle Aktivitäten der Gemeinschaft aus, die zu Belastungen oder Vorteilen einzelner Mitgliedstaaten führen.

Man kann nun versuchen, diesen Einwänden in entsprechenden Korrekturen Rechnung zu tragen.[13] Die fundamentale Kritik an der Größe Netto-Zahlungen wird damit freilich nicht berührt, geschweige denn ausgeräumt. Der Haupteinwand gegen alle Versuche, die Vor- oder Nachteile der EG-Mitgliedschaft aus dem Netto-Beitrag zum Haushalt der Gemeinschaft — als „korrigiert" oder nicht — abzuleiten, betont, daß dieses Kriterium viel zu kurz greift und den relevanten Zusammenhängen nicht annähernd gerecht wird. Diesen Standpunkt hat die EG-Kommission insofern lange Zeit implizit vertreten, als sie (bis 1978) z. B. auf Anfragen von Abgeordneten des Europäischen Parlaments kategorisch erklärt hat, es lägen keine entsprechenden Rechnungen vor.

Ihre Auffassung hat die Kommission in ihrer Antwort auf eine schriftliche Anfrage (31. Januar 1978) folgendermaßen erläutert: „Die Höhe der Mittel, die aus den verschiedenen Fonds (EAGFL, Regionalfonds, Sozialfonds) in die einzelnen Mitgliedstaaten flossen, ist aus den Jahresberichten dieser Fonds ersichtlich. Die Kommission hat es jedoch stets abgelehnt, diese Zahlen nebeneinander zu veröffentlichen, da sie einen völlig

---

[13] Ott, G., a.a.O., S. 291 f., kommt dabei zu dem Ergebnis, daß sich die (Netto-)Lastverteilung dadurch nicht wesentlich ändert. Allein schon wegen der erheblichen Größenunterschiede zwischen den Mitgliedstaaten ist im übrigen ein Vergleich der absoluten Zahlen wenig sinnvoll. Zu entsprechenden Berechnungen pro Kopf etc. siehe: Messal, a.a.O., S. 83 ff.

2. Kritik am Indikator Netto-Zahlungen

falschen Eindruck von den wirtschaftlichen Beiträgen und von den wirtschaftlichen Vorteilen vermitteln, die die Mitgliedstaaten an die Gemeinschaft leisten bzw. von ihr erhalten. Die Kommission vertritt ferner die Ansicht, daß es nicht dem Geist europäischer Zusammenarbeit förderlich ist, wenn Berechnungen über die Adäquanz der Gegenleistungen angestellt werden."[14]

Als nun falsche Zahlen selbst im Parlament kursierten, sah sich die Kommission veranlaßt, über die Finanzströme zwischen den Mitgliedstaaten zu informieren. Die Netto-Position der Mitgliedstaaten mußte schließlich auch deshalb ausgewiesen werden, weil nach der Verordnung des Ministerrates ein Finanzmechanismus einzurichten war, der zum Ziel haben sollte, unzumutbar hohe Finanzierungsleistungen eines Mitgliedstaates zu korrigieren; dabei waren die Netto-Zahlungen als ein Kriterium für die Korrektur vorgesehen.

„Die Kommission hat bisher immer gezögert, Informationen der von den Herren Abgeordneten gewünschten Art zu veröffentlichen, da sie hinsichtlich der Mittelzuweisungen der Mitgliedstaaten an die Gemeinschaft und der von den einzelnen EG-Staaten seitens der Gemeinschaft zufließenden finanziellen Leistungen kein richtiges Bild vermitteln. Die Kommission glaubt auch, daß die in Richtung eines ausgewogenen Gebens und Nehmens gehenden Rechnungen dem Entstehen eines europäischen Zusammengehörigkeitsgefühls nicht förderlich sind.

---

[14] Amtsblatt der Europäischen Gemeinschaften vom 6.3.1978, Nr. C 56/29. Dazu und zum folgenden s. a. Ott, a.a.O., S. 43 ff.

IV. Die Bundesrepublik — „Zahlmeister der EG"?

Nach ihrer Feststellung werden jedoch von der Presse und von Abgeordneten des Europäischen Parlaments zuweilen unrichtige Berechnungen über die Auswirkungen des EG-Haushaltes auf die einzelnen Mitgliedstaaten angestellt."[15]
Wollte man, so eine weitergehende Überlegung, den „juste retour" jedoch tatsächlich als Maxime für die Finanzbeiträge gelten lassen, dann „müßten zumindest alle anderen Integrationsvorteile, etwa aus dem Wegfall der Zölle und der Umlenkung und Schaffung von Handelsströmen und die damit verbundenen Wohlstandseffekte und alle Integrationsnachteile monetär quantifiziert und im Rahmen einer Kosten-Nutzen-Analyse gegenübergestellt werden."[16]

---

[15] Gemeinsame Antwort auf die schriftlichen Anfragen 1020/77, 604/78 und 607/78 (22. Dezember 1978; Amtsblatt der Europäischen Gemeinschaften Nr. C 28/2 vom 31.1.79).
Dort heißt es weiter: „Gleichzeitig mit der Veröffentlichung dieser Zahlen betont die Kommission jedoch, daß eine Betrachtung des Mitteltransfers im Zuge der Ausführungen des Haushaltsplans, bei der nicht die effektive Auswirkung der hiermit verbundenen Aufwendungen und Erträge geprüft wird, zu Mißverständnissen führen kann, da die Haushaltsrechnung der Gemeinschaft die EG-Politik widerspiegelt, mit der die Ziele der Gemeinschaft erreicht werden sollen. Die Kommission ist nicht der Meinung, daß sich die wirtschaftlichen Auswirkungen des Haushalts auf die einzelnen Mitgliedstaaten ohne eine mühsame und zeitraubende Prüfung, deren Ergebnisse wahrscheinlich umstritten wären, beurteilen lassen. Sie glaubt aber auf einige wichtige Faktoren hinweisen zu müssen, die die beigefügte Übersicht zur Messung der „Gewinne und Verluste" im Zusammenhang mit Haushaltstransaktionen untauglich erscheinen lassen würden." Es folgen dann Hinweise auf den bereits erwähnten rechnerischen Korrekturbedarf.
[16] Henke, K.-D., Die Finanzierung der Europäischen Gemeinschaften, in: Probleme des Finanzausgleichs III, hrsg. von D. Pohmer, Schriften des Vereins für Socialpolitik, Neue Folge Band 96/III, Berlin 1981, S. 47.

3. Forderungen nach Nutzen-Kosten-Analyse

Es liegt nahe, diese Erwägungen über den rein ökonomischen Bereich, also die wirtschaftlichen Folgen der Integration hinaus zu erweitern und auch das allgemeine politische Umfeld in die Abwägung mit einzubeziehen.

3. Die Forderungen nach umfassender Nutzen-Kosten-Analyse

In einer auf wirtschaftliche Kriterien beschränkten, aber ansonsten umfassenden Analyse, schien die Situation weithin eindeutig zu sein: Die Bundesrepublik war zwar Netto-Zahler in den großen, ausgabenintensiven Bereichen des gemeinsamen Agrarmarktes sowie der Sozial- und Regionalpolitik, auf dem für sie wichtigeren Sektor der Industrieproduktion galt sie aus der Sicht der EG jedoch unstreitig als der „große Gewinner". Schließlich habe die deutsche Industrie doch insofern „von der Schaffung des Gemeinsamen Marktes überproportional profitiert, als es der Industrie ermöglicht wurde, über das vergrößerte Absatzgebiet zu quasi binnenmarktgleichen Bedingungen erhebliche Kostendegressions- und Produktivitätseffekte zu realisieren. Diese Effekte haben der Industrie auch die Behauptung und den Ausbau ihrer starken Stellung auf den Weltexportmärkten mit ermöglicht."[17]

---

[17] Generaldirektion Wissenschaft und Dokumentation, Vorteile für die Bundesrepublik aus der Mitgliedschaft in der EG, 24.2.1982, S. 8. Zitiert nach: von Laun, K., Die künftige Finanzierung der EG und der Ressourcentransfer, Zeitschrift für Wirtschaftspolitik, 1984, S. 297 f.. Laun, S. 297 ff., führt einige Gegenargumente an, darunter auch die Subventionspolitik anderer Mitgliedstaaten, die erhebliche Probleme für einzelne Sektoren in der Bundesrepublik mit sich gebracht hat.

IV. Die Bundesrepublik — „Zahlmeister der EG"?

Diese „Bilanz" scheint auch die weitverbreitete Auffassung zu bestätigen, daß schon bei der Gründung der EWG bzw. in deren Anfangsjahren das gegenseitige Abwägen der vermutlichen Vorteile aus der Integration zwischen den beiden größten Mitgliedstaaten bestimmend war nach dem Motto: die Agrarmarktordnung und ihre Finanzierung zugunsten Frankreichs — der gemeinsame Markt für Industrieerzeugnisse im vorrangigen Interesse der Bundesrepublik Deutschland. Aus dieser Sicht sind die deutschen Netto-Zahlungen sozusagen der Preis, den die Bundesrepublik für die Zustimmung der anderen Mitgliedstaaten zur Zollunion zu entrichten hatte. In der zeitlichen Fortsetzung dieses Argumentes wird die gemeinsame Agrarpolitik zum „Eckpfeiler der Gemeinschaft" hochstilisiert, der sogar in schweren Krisensituationen den Zerfall des gesamten Gemeinsamen Marktes verhindert hat.[18]

Es ist hier nicht der Ort, die vielfach belegten und analysierten Mängel der EG-Agrarpolitik zu diskutieren. Offen muß in diesem Zusammenhang auch bleiben, welche Rolle die Bundesrepublik mittlerweile bei der politischen Verteidigung dieses Interventionssystems spielt. Bedenkt man aber allein die verheerenden Folgen, welche die beinahe unzähligen Berichte über skandalöse Vorgänge im EG-Agrarbereich ausgelöst und dem Gedanken der europäischen Integration in der öffentlichen Meinung zweifellos großen Schaden zugefügt haben, wird man ein positives Urteil über die EG-Agrarpolitik kaum teilen können.[19] Aus der Sicht der

---

[18] So etwa May, a.a.O., S. 106 f. und 126 ff..

[19] Allein die Vorgänge aus der jüngsten Zeit, in denen französische Bauern einen Transport englischer Schafe überfallen haben, und die Reaktion der Medien in Großbritannien lassen ganz andere Rückschlüsse zu.

3. Forderungen nach Nutzen-Kosten-Analyse 41

Bundesrepublik, aber auch aus der anderer Mitgliedstaaten und der Gemeinschaft insgesamt, sind im Urteil über die Agrarmarktordnung ferner auch die seit langem schwelenden und in der Uruguay-Runde nunmehr evident gewordenen Belastungen für die Welthandelsordnung zu berücksichtigen. Von kaum einer anderen Seite wird das Prinzip der Freiheit des Welthandels inzwischen mehr bedroht als von der EG-Agrarpolitik.

Diese Aspekte fehlen jedoch ganz in den Überlegungen über die Verteilung der Vor- und Nachteile der EG-Mitgliedschaft.[20] In einer Studie mit dem Titel „Kosten und Nutzen der deutschen EG-Mitgliedschaft" zieht May (a.a.O., S. 293) das in diesem Zusammenhang geradezu typische Fazit: „Als Gesamtergebnis der drei untersuchten Bereiche kann für die Mitgliedschaft der Bundesrepublik in der Europäischen Gemeinschaft festgestellt werden, daß die finanzielle Belastung der Bundesrepublik durch die ökonomischen Vorteile der europäischen Integration wohl mehr als ausgeglichen wird und daß die Bundesrepublik insbesondere im politischen Bereich die größten Vorteile zu verzeichnen hat."

Nun darf man gewiß die Bedeutung des „politischen Argumentes" nicht unterschätzen. In der Nachkriegsgeschichte der Bundesrepublik spielt der Einfluß der (west-)europäischen Integration durchgängig eine dominante Rolle, und es ist müßig, die alten Debatten wiederaufzunehmen, in denen die „Atlantiker" andere

---

[20] In den Bereich des Kuriosen führt die Argumentation, wenn die „Sicherstellung der Versorgung mit landwirtschaftlichen Erzeugnissen" unter den Erfolgen der europäischen Agrarpolitik verbucht wird (May, a.a.O., S. 96 f.).

IV. Die Bundesrepublik — „Zahlmeister der EG"?

Vorstellungen entwickelt haben. Das Argument, bundesdeutsche Netto-Zahlungen seien letztlich ein unabdingbarer „politischer Preis" für den Integrationsprozeß, läßt sich im Grundsatz schwer widerlegen, aber wohl auch kaum eindeutig begründen, ganz abgesehen von der Frage, wie „hoch" denn dieser Preis sinnvollerweise anzusetzen wäre.

Gegen die schon fast üblich gewordene Art des Aufrechnens der rein ökonomischen Vorteile nach dem Motto: finanzielle Leistungen gegen Wirkungen der Zollunion lassen sich jedoch erhebliche Einwände vorbringen. So führen alle Überlegungen der Theorie der wirtschaftlichen Integration zu dem Schluß, daß vom Abbau der Schranken im Wirtschaftsverkehr *alle* Mitgliedstaaten profitieren. Offen ist danach lediglich das Ausmaß, wie sich diese Vorteile auf die einzelnen Mitgliedstaaten verteilen. Dabei ist das gebräuchliche Argument, der größte Industriestaat müsse zwangsläufig auch den größten Vorteil aus dem Abbau der Zölle und mengenmäßigen Beschränkungen ziehen, alles andere als überzeugend — zumal auch hier nicht die absoluten, sondern die auf die Größenverhältnisse bezogenen relativen Auswirkungen heranzuziehen wären.[21]

Im übrigen handelt es sich bei den Vorteilen, die aus der wirtschaftlichen Integration resultieren, um Wir-

---

[21] Im Zusammenhang mit der Vollendung des Binnenmarktes schält sich die „Kohäsionspolitik" als eine neue Gemeinschaftsaufgabe heraus, und wiederum ist eine Art „Aufrechnung" im Gange: „ohne eine begleitende Kohäsionspolitik dürfte eine zunehmende wirtschaftliche Integration in der EG nicht zu haben sein". Schäfers, M., Starbatty, J., Das Instrumentarium der EG zur Förderung innergemeinschaftlicher Kohäsion, Aus Politik und Zeitgeschichte, Beilage zur Wochenzeitung Das Parlament, 6. Juli 1990, S. 3.

kungen eines dynamischen Prozesses, in dessen Verlauf sich die Verteilung der Vorteile immer wieder verändern wird. Ob und inwieweit ein Mitgliedstaat Vorteile aus der Integration zieht, hängt im übrigen ganz entscheidend von seiner Wirtschaftspolitik ab. Wirtschaftspolitische Fehler, etwa in der Lohn- oder Steuerpolitik, werden in einem Gemeinsamen Markt umfassend und umgehend bestraft, günstige Angebotsbedingungen schlagen andererseits ebenfalls stärker und schneller durch. Wie aber sollte die Interdependenz zwischen Wirkungen der Integration und nationaler Politik in dieser Rechnung erfaßt werden?

Schließlich sprechen gewichtige Überlegungen dafür, daß sich gerade ärmeren Ländern mit dem Beitritt besonders große Chancen für einen raschen Prozeß des Aufholens ihres Rückstandes bieten; sollten diese Länder also in konsequenter Anwendung des „Kompensationsprinzips" deshalb finanziell zur Kasse gebeten werden?

4. Finanzausgleichsprobleme der EG

Die Argumentation um das Für und Wider finanzieller Leistungen, die Vor- und Nachteile einzelner, mit der EG-Integration verbundener Vorgänge, verstellt den Blick auf das Ganze, oder anders gewendet: Im Grunde handelt es sich hier um die Diskussion einer fiktiven Konstruktion. Die Entscheidung über die EG-Agrarpolitik wurde seinerzeit weitgehend in Unkenntnis der später notwendigen Ausgaben getroffen, die aus der Agrarmarktordnung zwangsläufig resultierenden Belastungen bzw. Begünstigungen der einzelnen Mitgliedstaaten sind eher die Folge einer ungeplanten Entwicklung als eines Prozesses, dem ein politisches Abwägen vorausging. Damit entpuppt sich auch die Formulierung eines „Kompensationsprinzips" (Agrarmarktordnung versus Zollunion) als ex-post-Rationalisierung der faktischen, unvorhergesehenen Entwicklung.

Will man das Problem der finanziellen Leistungen der Mitgliedstaaten auf eine wissenschaftlich fundierte Grundlage stellen, sind dazu Kriterien aus der Theorie des Finanzausgleichs heranzuziehen.[22] Es geht dabei um die Gesamtheit der Tatbestände und Regelungen, welche über die Verteilung sowohl der Aufgaben wie der Ausgaben und Einnahmen auf der Ebene der einzelnen Staaten die Verteilung des Einkommens zwischen den Mitgliedstaaten beeinflussen. „Der internationale Finanzausgleich wird damit Teil einer umfassenderen Theorie der Determinanten internationaler Ressourcen- und Einkommensverteilung: Aufgaben-, Ausgaben- und Einnahmenverteilung werden als die relevanten Instrumente betrachtet, durch die — unbeabsichtigt oder beabsichtigt — die internationale Ressourcen- und Einkommensverteilung verändert werden."[23]

Gemessen an diesen Kriterien bestätigt sich schon auf den ersten Blick das — um es euphemistisch zu formulieren — pragmatische Vorgehen der Gemeinschaft in der Frage finanzieller Leistungen der Mitglied-

---

[22] Siehe dazu auch: Kommission der Europäischen Gemeinschaften, Bericht der Sachverständigengruppe zur Untersuchung der Rolle der öffentlichen Finanzen bei der Europäischen Integration, Band I und II, Brüssel 1977 (sog. MacDougall-Bericht).

[23] Biehl, D., Finanzausgleich, IV: Internationaler Finanzausgleich, in: Handwörterbuch der Wirtschaftswissenschaft, Zweiter Band, Stuttgart 1980, S. 692.

4. Finanzausgleichsprobleme der EG

staaten. Dieses Vorgehen war schon in der Präambel des EWG-Vertrages angelegt, in der vom Bestreben die Rede ist, „den Abstand zwischen einzelnen Gebieten und den Rückstand weniger begünstigter Gebiete (zu) verringern."

Von seiten der Kommission wurde immer wieder das Argument der „Solidarität" der wohlhabenderen Länder mit den übrigen Mitgliedstaaten angeführt;[24] bei den Bemühungen um die Reform des Finanzierungssystems spielte dieses Argument eine wichtige Rolle.[25] Mit der Entscheidung, die Gemeinschaft zu einer Wirtschafts- und Währungsunion weiterzuentwickeln, vom nach wie vor undeutlichen Ziel der Politischen Union erst gar nicht zu reden, rückt die Frage zwischenstaatlicher Transferleistungen zwangsläufig immer stärker in den Vordergrund.[26] In diesem Sinne betont die Einheitliche Europäische Akte im neuen Art. 130 a:

„Die Gemeinschaft entwickelt und verfolgt weiterhin ihre Politik zur Stärkung ihres wirtschaftlichen und sozialen Zusammenhalts, um eine harmonische Entwicklung der Gemeinschaft als Ganzes zu fördern.

---

[24] Siehe z. B.: Bericht der Kommission der Europäischen Gemeinschaften an den Rat in Durchführung des Mandats vom 30. Mai 1980, Bulletin der EG, Beilage 1/81, Tz. 43.

[25] Dazu Messal, a.a.O., S. 35 ff.

[26] Zu Vorstellungen über die Rolle der Strukturpolitik im allgemeinen und der Regionalpolitik im besonderen siehe: Padoa-Schippa, T., Efficiency, Stability and Equity, A Strategy for the Evolution of the Economic System of the European Community, Oxford 1987, S. 89 ff.; Delors, J., Regional Implications of Economic and Monetary Integration, in: Committee for the Study of Economic and Monetary Union, 2. Collection of Papers submitted to the Committee for the Study of Economic and Monetary Union, Luxembourg 1989, S. 81 ff.

Die Gemeinschaft setzt sich insbesondere zum Ziel, den Abstand zwischen den verschiedenen Regionen und den Rückstand der am stärksten benachteiligten Gebiete zu verringern."

Nach den oben angeführten Überlegungen wäre es freilich voreilig, aus dieser Zielsetzung unmittelbar einen Bedarf an Transfers finanzieller Mittel von den „reichen" zu den „armen" Mitgliedsländern abzuleiten. Der Unterschied im Einkommens- und Entwicklungsniveau zwischen den Mitgliedstaaten kann nur über eine Angleichung der Produktivität dauerhaft abgebaut werden. Transfers finanzieller Mittel aus öffentlicher Hand können diesen Prozeß unterstützen und beschleunigen helfen, sie können ihn aber auch entscheidend hemmen und sogar verhindern!

Beispiele für die negativen Wirkungen von Finanztransfers lassen sich fast nach Belieben anführen, generell haben sich letztlich alle diejenigen finanziellen Zuwendungen als kontraproduktiv erwiesen, die dazu beigetragen haben, obsolete Strukturen zu erhalten oder gar falsche, marktwidrige Produktionen aufzubauen.

Soweit also der Integrationsprozeß mit Finanztransfers verbunden wird, ist zwischen der Höhe der involvierten Beträge und dem Zweck zu unterscheiden, für den diese Gelder ausgegeben werden. Zu übersehen ist dabei allerdings nicht, daß zwischen diesen beiden Kategorien insofern ein innerer Zusammenhang angelegt ist, als eine reichliche Mittelausstattung Fehlinvestitionen fast zwangsläufig begünstigt.

5. Revision des Finanzsystems gefordert

Auch der allgemeine Appell an die „Solidarität" in der Gemeinschaft hilft nicht weiter.[27] Dies wird schon deutlich, wenn man nur danach fragt, wer sich mit wem solidarisch erklären soll. So wie das Argument geführt wird, ist es die „Solidarität auf der Ebene öffentlicher Haushalte", also eine Beziehung zwischen den Kassen und den Politikern bzw. Bürokratien, die über die Mittel verfügen.

„Solidarität" im üblichen Sinne kennzeichnet Beziehungen, Verbundenheit zwischen Personen und Personengruppen, verlangt die Unterstützung der schlechtergestellten durch diejenigen, denen es besser geht. Wie wenig etwa der Transfermechanismus der EG-Agrarpolitik diesem Kriterium genügt, zeigt sich allein schon daran, daß grosso modo die größten Landwirte am meisten von diesem System profitieren.

Die Aufnahme der DDR erhellt die Perversion dieses Übertragungsmechanismus aufs Neue: Geht man von den gegebenen Regelungen aus, wären die Ansprüche der (bisherigen) DDR-Landwirtschaft an den EG-

---

[27] Im Rahmen der Überlegungen zur Lösung der Finanzprobleme, die sich mit der Erweiterung der Gemeinschaft auf 12 Mitglieder abzeichneten, äußerte z. B. die Kommission die Auffassung, das Gemeinschaftswerk sei auf „Solidarität und Integration der Volkswirtschaften" (S. 8) gegründet. Im Rahmen der diskutierten Revision (Abschläge auf die Beiträge) sei die Ausrichtung zu berücksichtigen, „wonach die Politiken der Gemeinschaft die Solidarität der wohlhabenderen Länder gegenüber den weniger wohlhabenden Ländern (namentlich Irland, Griechenland und Italien) im besonderen Maße zum Tragen bringen müssen" (S. 18). Bulletin der Europäischen Gemeinschaften, Beilage 1/81, Bericht der Kommission der Europäischen Gemeinschaften an den Rat in Durchführung des Mandats vom 30. Mai 1980.

Haushalt um so höher, je erfolgreicher die Anpassung gelingt, je mehr die Produktion steigt[28]; je rückständiger dagegen die Landwirtschaft auf dem Gebiet der ehemaligen DDR bliebe — je dringlicher sie also eigentlich auf „Solidarität" angewiesen wäre —, desto geringer fielen tendenziell die Zuschüsse der EG aus.

6. Fazit

Als Fazit läßt sich festhalten: Der Aussage, daß man die Vor- und Nachteile der europäischen Integration nicht einfach an den Netto-Zahlungen der Mitgliedstaaten ablesen kann, wird niemand widersprechen wollen. Daraus wird aber quasi im Umkehrschluß weder ein Argument für noch eines gegen solche Finanztransfers. Die Begründung zugunsten finanzieller Transfers ist nur aus den Kriterien eines sinnvollen Finanzausgleichs abzuleiten.

Dieser Debatte wird sich die Gemeinschaft auf Dauer nicht entziehen können, eine Total-Revision des ausgeuferten, in Willkür und Widersprüchen verstrickten Finanzmechanismus der EG ist längst überfällig; die Vorbereitung der Wirtschafts- und Währungsunion erhöht nur noch die Dringlichkeit dieses Anliegens. Ob die Gemeinschaft zu einem solchen Kraftakt in der Lage ist — und was gegebenenfalls an dessen Ende stünde — kann hier nur als Frage notiert werden.[29]

---

[28] Dazu: Rheinisch-Westfälisches Institut für Wirtschaftsforschung Essen, RWI — Konjunkturbrief Nr. 2, August 1990. Legt man z. B. das Verhältnis von Marktordnungsausgaben und Produktion der Niederlande zugrunde, käme man auf Zahlungen an die DDR in Höhe von etwa 6 Mrd. ECU (ibid. S. 2).

6. Fazit

Ein Plädoyer zugunsten der Anwendung der Prinzipien des Finanzausgleichs darf auch die Gefahren dieses Weges nicht verschweigen. Diese liegen vor allem darin, daß man sich zwar auf einen entsprechenden „Zahlungsmechanismus" einigt, diesen jedoch an ökonomisch falschen Kriterien orientiert; auch kann man nicht als selbstverständlich unterstellen, eine grundsätzlich angemessene Konzeption ließe sich in der Praxis unbedingt durchsetzen. Ist daher nicht auszuschließen, daß der Versuch einer grundlegenden Revision des EG-Finanzsystems mißlingt und letztlich, verglichen mit dem status quo, zu einer Verschlechterung führt, so mag man dem aus theoretischer Sicht zu Recht kritisierten Pragmatismus sogar positive Seiten abgewinnen.

V. Die übrigen öffentlichen unentgeltlichen Leistungen

Wie aus den Daten unschwer zu entnehmen ist, dominieren die Zahlungen im Rahmen der EG[30]; diese haben aber auch insofern exemplarischen Charakter, als etwa die Diskussion um die Entwicklungshilfe nach einem ganz ähnlichen Muster verläuft. Die umfangrei-

---

[29] Die Finanzverfassung ist als „rudimentär" einzustufen, eine umfassende Reform längst geboten. Zur Kritik an den bestehenden Verhältnissen und zu den Grundsätzen eines föderalistischen Systems siehe: Biehl, D., Umrisse einer EG-Finanzverfassung aus föderalistischer Perspektive, in: E.-J. Mestmäcker (Hrsg.), Eine Ordnungspolitik für Europa, Baden-Baden 1987, S. 52 ff.

[30] Dies gilt vor allem dann, wenn man die oben bereits angesprochene Problematik bedenkt, die mit der statistischen Abgrenzung verbunden ist (siehe den Posten „Renten" etc.).

V. Die übrigen öffentlichen unentgeltlichen Leistungen

che, lang anhaltende und sicher nicht abgeschlossene Debatte um Pro und Contra öffentlicher Entwicklungshilfeleistungen reicht von dem Verdikt, die Finanzhilfen der Industrieländer hätten mehr Schaden angerichtet als Nutzen gestiftet, bis hin zu dem Dauerappell, die reichen Länder hätten endlich einen angemessenen Beitrag zugunsten der Entwicklungsländer zu leisten.

Spezifische Probleme sind mit den Forderungen nach Schuldenerlaß für die ärmsten Länder, insbesondere in Afrika verbunden. Die Krise der hochverschuldeten Länder, insbesondere in Lateinamerika, hat ebenfalls Sondercharakter; Zahlungen der öffentlichen Hand sind dabei involviert mit der Beteiligung an den Bestrebungen, die von den USA ausgingen (Baker-Plan, Brady-Initiative).

Ganz offensichtlich kann eine Aussage über Sinn und Zweck der Entwicklungshilfe im allgemeinen und über die Angemessenheit der Summen wie der Verwendung im speziellen nicht quasi beiläufig im Rahmen eines Urteils über öffentliche Zahlungen getroffen werden.

VI. Öffentliche Zahlungen: quid pro quo?

Debatten um öffentliche Übertragungen entzünden sich meist an der Höhe bestimmter Zahlungen, vorrangig ist jedoch immer die Verwendung der Gelder zu überprüfen. Transferleistungen sind ein Mittel staatlicher Verteilungspolitik, darüber hinaus lassen sich ökonomische Ziele durch den Einsatz öffentlicher Finanzmittel nur in sehr begrenztem Umfang erreichen. Staat-

VI. Öffentliche Zahlungen: quid pro quo?

liche Gelder sind kein Substitut für eine gute Wirtschaftspolitik, oft bewirken sie sogar das Gegenteil, indem sie die Mängel wirtschaftspolitischer Fehler und falscher, marktwidriger Orientierungen zumindest temporär überdecken oder überhaupt erst ermöglichen.

Die EG-Beiträge wie die Entwicklungshilfe können als Beleg für diese Thesen dienen — inwieweit mit dem Einsatz solcher Gelder ein „politischer Preis" bezahlt wird, der ein Land vor ansonsten drohenden Schwierigkeiten schützt oder ihm sonst verschlossene Möglichkeiten eröffnet, läßt sich nicht generell beantworten.

Das Argument der Priorität der Politik vor dem rein ökonomischen Denken, das in diesem Zusammenhang gern als „Krämergeist" apostrophiert wird, liegt geradezu auf der Hand und wird entsprechend bereitwillig aufgenommen. Ob es nur ein Alibi ist, um den Widerstand gegen den Einsatz finanzieller Mittel zu überwinden, der andernfalls die Zustimmung der Wähler nicht finden würde, läßt sich nur von Fall zu Fall prüfen.

Übertragungen als Leistungen, denen kein „meßbarer Gegenwert" entspricht, fehlt insoweit das der Ökonomie eigene Prinzip des Tausches zum gegenseitigen Vorteil. Und doch verlangt der vernünftige Einsatz öffentlicher Mittel, die von den Steuerzahlern aufzubringen sind, die Beachtung des quid pro quo. Mit der Erfassung des „Nutzens" als Äquivalent des Einsatzes öffentlicher Transferleistungen stößt die Ökonomie an ihre Grenzen, die aus der Nutzen-Kosten-Analyse (und verwandter Verfahren) hinreichend bekannt sind.

Diese Ausführungen sollten eines deutlich gemacht haben. Jede Analyse öffentlicher Zahlungen muß unweigerlich in die Gesamtproblematik der Finanzpolitik schlechtin einmünden. Finanzielle Mittel des Staates müssen erst aufgebracht werden, Gelder, die für Transferzwecke eingesetzt werden, stehen für andere Verwendungen nicht zur Verfügung. Aussagen über Sinn und Zweck bestimmter Zahlungen, die diesen Zusammenhang nicht berücksichtigen, brechen folglich die Untersuchung zu früh ab. Inwieweit freilich die Politik selbst bei ihren konkreten Entscheidungen diese Interdependenz hinreichend beachtet, bleibt eine offene Frage.

Tab. 1: Übertragungen an das bzw. vom Ausland insgesamt

Mio DM

	Übertragungen insgesamt			Übertragungen im öffentlichen Bereich 1)							Zuwendungen an Entwicklungsländer 4)	
					im Verkehr mit mit internationalen Organisationen							
					Europäischen Gemeinschaften			sonstigen internationalen Organisationen				darunter Erlaß von Schulden der Entwicklungsländer
	Leistungen an das Ausland	Leistungen vom Ausland	Saldo	Saldo	Nettobeitrag zum EG-Haushalt	sonstige Leistungen an die EG 2)	sonstige Leistungen der EG 3)	Leistungen an das Ausland	Leistungen vom Ausland	Saldo	zusammen	
Zeit	1	2	3	4	5	6	7	8	9	10	11	12
1949	-	3 403	+ 3 403	+ 3 392	-	-	-	-	-	-	-	-
1950	34	2 099	+ 2 065	+ 2 056	-	-	-	-	-	-	-	-
1951	343	1 872	+ 1 529	+ 1 738	-	-	-	-	-	-	-	-
1952	358	518	+ 160	+ 322	-	-	-	-	-	-	-	-
1953	842	391	- 451	- 129	-	-	-	-	-	-	-	-
1954	941	467	- 474	- 304	-	-	-	-	-	-	-	-
1955	1 080	246	- 834	- 594	-	-	-	-	-	-	-	-
1956	1 447	226	- 1 221	- 911	-	-	-	-	-	-	-	-
1957	2 039	157	- 1 882	- 1 468	-	-	-	52	-	- 52	-	-
1958	2 173	173	- 2 000	- 1 636	- 18	-	-	51	-	- 69	-	-
1959	3 482	203	- 3 279	- 2 904	- 56	189	-	64	-	- 309	-	-
1960	3 814	326	- 3 488	- 2 798	- 55	139	-	101	-	- 295	-	-
1961	4 693	263	- 4 430	- 3 391	- 65	165	-	114	-	- 344	-	-
1962	5 424	214	- 5 210	- 3 740	- 103	308	-	123	-	- 534	-	-
1963	5 346	251	- 5 095	- 3 274	- 127	-	-	151	-	- 278	-	-
1964	5 616	305	- 5 311	- 3 145	- 144	-	-	266	-	- 410	-	-
1965	6 767	390	- 6 377	- 3 465	- 162	-	-	303	-	- 465	-	-
1966	6 792	497	- 6 295	- 2 871	- 233	-	-	350	-	- 583	-	-
1967	6 937	515	- 6 422	- 3 315	- 430	54	-	432	-	- 916	-	-
1968	8 731	1 419	- 7 312	- 4 141	- 1 026	122	-	424	13	- 1 559	-	-
1969	10 935	2 185	- 8 750	- 4 401	- 1 312	148	-	460	1	- 1 919	-	-
1970	12 508	2 749	- 9 759	- 3 727	- 450	161	-	406	53	- 964	-	-
1971	14 773	4 462	- 10 311	- 3 017	- 454	270	80	558	0	- 1 203	405	-
1972	16 963	4 908	- 12 056	- 4 292	- 1 173	256	44	592	4	- 1 973	490	-
1973	20 012	6 292	- 13 720	- 5 141	- 1 929	252	29	602	19	- 2 735	526	-
1974	22 299	7 144	- 15 155	- 5 626	- 1 741	253	74	638	16	- 2 541	604	-
1975	23 945	6 645	- 17 300	- 7 858	- 3 491	302	69	845	15	- 4 555	639	-
1976	26 035	7 877	- 18 157	- 8 242	- 3 332	429	215	1 042	11	- 4 577	556	-
1977	28 505	10 863	- 17 642	- 8 365	- 3 695	390	569	1 086	14	- 4 589	797	-
1978	30 959	12 765	- 18 193	- 7 808	- 2 283	196	588	1 230	36	- 3 085	822	-
1979	33 189	12 684	- 20 506	- 9 926	- 4 103	375	491	1 503	12	- 5 478	1 470	402
1980	36 519	13 053	- 23 466	- 12 178	- 4 099	596	255	1 280	8	- 5 711	2 959	1 500
1981	37 648	12 831	- 24 817	- 13 442	- 6 412	475	366	1 449	3	- 7 967	1 891	17
1982	39 302	13 374	- 25 928	- 14 608	- 7 510	518	498	1 548	8	- 9 069	1 890	9
1983	41 443	16 238	- 25 205	- 13 555	- 6 017	554	479	1 606	3	- 7 695	1 987	59
1984	47 050	17 327	- 29 723	- 17 753	- 7 272	577	393	1 630	2	- 9 084	2 086	36
1985	46 758	17 666	- 29 091	- 17 706	- 8 343	557	678	1 732	3	- 9 951	2 536	406
1986	46 439	19 383	- 27 056	- 15 797	- 8 236	538	793	1 855	2	- 9 833	2 261	28
1987	47 166	18 255	- 28 911	- 18 044	- 10 391	549	1 026	1 889	2	- 11 801	2 183	-
1988	54 014	22 151	- 31 863	- 19 489	- 13 014	652	1 431	2 146	3	- 14 377	2 137	2
1989	58 437	23 806	- 34 631	- 21 754	- 13 367	775	1 257	2 083	46	- 14 921	2 384	174

1) Für die Aufgliederung in "Privat" und "Öffentlich" ist maßgebend, welchem der beiden Sektoren die beteiligte inländische Stelle angehört. - 2) Hauptsächlich EG-Entwicklungsfonds und Umlagezahlungen an die Montanunion. - 3) Hauptsächlich besonderer Währungsausgleich bei der Ausfuhr nach Großbritannien und Italien und Zahlungen der Montanunion für Anpassungshilfe, Haldenfinanzierung und Bauforschung einschl. Verwaltungskostenausgaben im Inland. - 4) Zuordnung soweit erkennbar.
Quelle: Deutsche Bundesbank

Mio DM

(Noch) Tab. 1: Übertragungen an das bzw. vom Ausland insgesamt

Übertragungen im privaten Bereich 1)											
Wiedergutmachungsleistungen an das Ausland	Renten, Pensionen, Unterstützungszahlungen an das Ausland	sonstige Leistungen an das Ausland		sonstige Leistungen vom Ausland	Saldo	Heimatüberweisungen der Gastarbeiter 5)	Renten, Pensionen, Unterstützungszahlungen		sonstige Leistungen an das Ausland	darunter Erstattungen an andere EG-Länder	sonstige Leistungen vom Ausland
		zusammen	darunter Steuererstattungen				an das Ausland	vom Ausland	zusammen		
13	14	15	16	17	18	19	20	21	22	23	24	Zeit
-	-	-	-	3 392	+ 11	-	-	-	-	-	11	1949
-	-	6	-	2 062	+ 9	-	30	28	-	-	7	1950
-	-	68	-	1 806	- 209	-	47	275	-	-	19	1951
-	-	88	-	410	- 162	-	52	270	-	-	56	1952
268	-	126	-	265	- 322	-	50	448	-	-	76	1953
508	10	80	-	294	- 170	-	73	90	270	-	83	1954
617	14	100	-	137	- 240	-	79	64	270	-	45	1955
924	8	111	-	132	- 310	30	107	57	267	-	37	1956
1 396	24	74	-	78	- 414	50	134	50	309	-	29	1957
1 505	27	116	-	81	- 364	50	183	46	223	-	46	1958
1 738	211	734	-	88	- 375	100	240	62	150	-	53	1959
2 259	257	183	-	196	- 690	300	348	67	172	-	63	1960
2 750	319	125	-	147	- 1 039	550	419	72	173	-	31	1961
2 740	433	139	-	106	- 1 470	900	517	70	161	-	38	1962
2 536	343	228	-	111	- 1 821	1 250	537	80	162	-	48	1963
2 115	466	276	-	122	- 2 166	1 550	609	112	183	-	64	1964
2 235	519	433	-	18?	- 2 912	2 150	768	120	191	-	77	1965
1 663	575	321	-	271	- 3 424	2 500	926	139	210	-	73	1966
1 674	604	351	-	230	- 3 107	2 150	958	154	244	-	91	1967
1 770	713	354	-	255	- 3 171	2 150	994	189	298	-	82	1968
1 515	815	513	-	361	- 4 349	3 300	1 087	211	546	-	373	1969
1 598	909	778	-	522	- 6 032	5 000	1 164	223	507	-	416	1970
1 620	950	475	-	1 637	- 7 294	6 150	1 091	239	599	-	307	1971
1 853	1 206	687	-	1 916	- 7 764	6 750	976	243	582	-	300	1972
1 882	1 409	808	-	2 219	- 8 579	7 500	1 024	215	606	-	337	1973
1 876	1 804	1 564	-	2 763	- 9 529	8 200	1 146	278	840	-	379	1974
1 930	2 038	999	-	2 303	- 9 442	7 900	1 114	300	1 089	-	360	1975
1 695	3 053	930	-	2 569	- 9 916	8 200	1 221	316	1 165	-	353	1976
1 786	3 398	1 263	-	3 468	- 9 277	7 450	1 369	360	1 285	-	467	1977
1 754	3 660	1 185	896	2 697	- 10 385	7 800	1 623	377	2 010	588	671	1978
1 513	3 279	1 424	906	3 238	- 10 580	7 650	1 907	323	2 004	469	659	1979
1 645	3 454	1 632	1 044	3 223	- 11 288	8 050	2 337	355	2 155	398	899	1980
1 788	3 578	1 731	1 209	3 513	- 11 375	8 250	2 521	372	2 147	412	1 172	1981
1 732	3 729	1 894	1 340	3 708	- 11 321	8 250	2 573	417	2 554	509	1 640	1982
1 717	3 926	1 984	1 449	3 754	- 11 650	8 300	2 462	438	2 980	615	1 655	1983
1 629	6 155	2 710	1 946	3 910	- 11 970	9 000	2 805	461	2 629	635	2 003	1984
1 591	5 082	2 541	1 927	3 997	- 11 386	7 950	2 961	521	3 366	839	2 370	1985
1 546	4 502	2 071	1 822	4 416	- 11 258	7 450	2 825	507	3 799	734	2 309	1986
1 523	4 693	2 312	1 825	4 468	- 10 867	7 300	2 786	564	3 770	768	2 425	1987
1 464	4 923	1 830	1 434	5 242	- 12 373	7 350	2 615	547	5 570	780	2 615	1988
1 427	5 117	2 007	1 364	4 102	- 12 877	7 500	2 935	659	9 824	795	6 723	1989

5) Die Angaben beruhen auf Schätzungen unter Berücksichtigung der auf Heimatreisen mitgenommenen Barbeträge.

Quelle: Deutsche Bundesbank

Tabelle online abrufbar unter:
https://www.duncker-humblot.de/9783428070626_Tabelle_2

Printed by Libri Plureos GmbH
in Hamburg, Germany